DISCOURS

DE M. RŒDERER,

MAIRE D'ESSAY,

A la Garde nationale

DE LA COMMUNE,

LE 29 JUILLET 1832.

DISCOURS

DE M. ROEDERER,

MAIRE D'ESSAY,

A LA GARDE NATIONALE

DE LA COMMUNE,

LE 29 JUILLET 1832.

C'est aujourd'hui la troisième fois que nous célébrons les évènemens des 27, 28 et 29 juillet 1830.

Les deux premières (1), nous nous sommes félicités des heureux fruits qu'ils promettaient. Nous nous en sommes rendu compte, et nous pouvons nous flatter de les avoir bien compris.

Aujourd'hui nous avons une satisfaction de plus : c'est de savoir que les gardes nationaux du Midi et de l'Ouest, unis aux troupes de ligne, les ont clairement expliqués aux débarqués d'Holyrood ; et que la capitale les a fait aussi comprendre à une foule de factieux qui s'obstinaient à vouloir nous les faire entendre comme ils s'obtinaient à les traduire. Il est enfin bien démontré que la France ne veut pas plus de la république que du rejeton de Charles X.

Je me suis toujours faiblement inquiété, vous le savez, des machinations des carlistes. Je me reposais sur le gouver-

(1) La première en 1830 même, à la formation de la garde nationale ; la seconde à l'anniversaire de 1831.

nement, assuré qu'il donnerait à propos l'éveil à la garde nationale, et mettrait en même temps la troupe de ligne en action. J'ai même regardé les clameurs de certains journaux, depuis une mortelle année, plutôt comme des actes de malveillance contre les ministres et le roi même, que comme des preuves de vigilance contre les carlistes. Je n'y ai guère vu que d'indignes calomnies contre la prétendue négligence, ou la prétendue connivence du gouvernement avec nos ennemis.

Si j'ai moins redouté les carlistes que les républicains, ce n'est pas que je les aimasse mieux ; c'est parce que je les savais plus généralement et plus cordialement détestés. Il est un petit nombre d'esprits faux et bornés pour lesquels le républicanisme a des apparences spécieuses ; mais qui ne sait ce que c'est que le système du gouvernement de Charles X, et quel lait ont sucé tous les enfans de Louis XV?

Aussi les tentatives faites dans le Midi et dans l'Ouest par les échappés d'Holyrood n'ont-elles prouvé, de leur côté, que l'audace de huit ou dix personnes, et la crédulité de quelques centaines de dupes ; du nôtre, que la volonté des communes exprimée par les baïonnettes de la garde nationale, soutenue par la troupe de ligne.

Ces tentatives ont été aussitôt réprimées que déclarées ; et elles devaient l'être avec cette promptitude, parce qu'elles étaient une insulte au vœu général, et parce que notre gouvernement, intéressé à s'y conformer, épiait depuis long-temps leur premier signal pour y opposer le déploiement de ses forces.

Il n'y a que d'ignorans déclamateurs ou de méchans détracteurs du gouvernement, qui, dans ce pays-ci, aient attribué l'audace des entreprises carlistes à la longue faiblesse, à la *fatale indulgence* des ministres. Il fallait, disent-ils, réprimer plutôt ces audacieux. Je demande ce que signifient ces paroles ? Signifient-elles qu'il fallait faire des visites domiciliaires, là où l'on soupçonnait quelques fusils et quelques cartouches ? arrêter des hommes dont on soupçonnait les projets, et le concert pour attaquer le gouvernement ? empêcher toute communication entre les suspects dont les allées et les venues annonçaient de criminelles menées ? faire main-basse sur les hommes dont la figure insolente annonçait des espérances coupables ?

Mais tout cela était-il permis par les lois ? N'eût-ce pas été constituer le pays en état de siége ? Qui n'aurait frémi d'apprendre que sur de simples soupçons de complots, sans commencement d'exécution, l'autorité violait les domiciles, arrêtait, incarcérait les personnes ? Il n'aurait manqué que des commissions arbitrairement composées pour infliger des peines aux mavaises figures, empreintes de joie sinistre, aux manières insolentes, et aux airs de menace. A qui cette façon de poursuivre le carlisme n'aurait-elle pas inspiré l'appréhension d'être quelque jour poursuivi de même pour napoléonisme, pour répulicanisme, pour trop ou trop peu de royalisme ? Quel journaliste aurait été assez dépourvu de pudeur pour ne pas s'élever contre des procédés tyranniques dont plusieurs, en dépit de l'honneur et de la probité, ont reproché au gouvernement de s'être abstenu ?

Mais, disent-ils, que ne faisait-on agir l'armée, que ne laissait-on agir la garde nationale ? Sans s'arrêter à ce que ce reproche a de monstrueux, qu'on se demande seulement si l'on pouvait sans absurdité regarder ce procédé comme praticable ? Quoi ! il aurait fallu assembler une armée, la mettre en bataille rangée, la faire agir militairement : et contre qui ? Contre des conspirateurs qui étaient chacun chez eux ? contre les buissons derrière lesquels ils pourraient se retrancher quand ils seraient organisés en chouannerie ? contre les haies et les clôtures des herbages où ne se trouvaient que des bestiaux ? contre les moulins à vent qui ressemblent aux tours des anciens châteaux, et qui ont pu en servir autrefois ?

Mes chers concitoyens, tout ce que le gouvernement pouvait et devait faire, il l'a fait. Son devoir était de se tenir informé de ce qui se tramait : il l'a su ponctuellement, au jour, à l'heure, à la minute. Il devait être prêt à dissiper ou à saisir les premiers rassemblemens : il l'a été. Il fallait qu'il eût des troupes de garde nationale et de ligne sur pied, en mouvement, sur les lieux, au moment qu'il existerait une troupe de révoltés : elles se sont trouvées à point, sans retard, sans intervalle. Tout était donc prévu, ordonné, disposé et mis à portée du besoin. N'est-ce pas un fait que des brandons de guerre civile ayant été apportés et répandus dans deux vastes contrées de la France, éloignées l'une de l'autre ; et cela d'après de longues et savantes combinaisons, cette double entreprise a néanmoins été déconcertée, renversée, anéantie en moins de quelques semaines ? J'avoue que je ne me fais pas l'idée d'un gouvernement plus leste, mieux servi, et de troupes plus expéditives.

Clabauder contre le gouvernement est chose bien facile ; heureusement qu'il ne l'est pas autant de le décourager, puisqu'il ne se dégoûte pas de bien faire, en voyant de méchans journaux obstinément appliqués à lui ravir la gloire des triomphes les plus complets ; à mêler toujours quelque amertume, quelque regret, quelque prédiction sinistre à des joies publiques, qui devraient être si douces et si pures ; à interdire l'approbation franche et sans réserve des meilleurs desseins et des plus heureux résultats ; à comprimer, à étouffer tout mouvement de reconnaissance envers le gouvernement, tantôt en supposant un piége caché sous les apparences les plus satisfaisantes ; tantôt en imputant une funeste méprise, un déplorable aveuglement à ces malheureux ministres si bornés, selon les journalistes, qu'ils sont incapables de discerner le mal du bien, et une cause de calamité générale d'avec un principe de prospérité publique. Sachons gré au gouvernement de son mépris pour de si méprisables détracteurs. Gardons-nous surtout de nous laisser aller à leur exemple. Faisons plus : imposons-nous le devoir de venger l'autorité, en rejetant les écrits qui l'insultent, en retirant aux journaux détracteurs les abonnemens dont ils trahissent l'intention, et qu'ils ne desservent que par d'odieuses déceptions. Faisons pour ces indignes feuilles ce que les bons habitans de Paris faisaient à l'égard des bouffons qui insultaient Louis XII. en plein théâtre : ce prince ne permettait pas à sa police de mettre obstacle à la représentation de leurs farces insolentes ; mais le public en faisait justice ; il les sifflait, il conspuait les acteurs ; et son autorité sans appel faisait évanouir et l'outrage et le pouvoir d'en oser de nouveaux. Suivons cet exemple avec les journaux détracteurs et calomnieux. Que les journalistes soient libres, mais qu'ils ne soient pas nos maîtres; songeons que leurs décisions sont arbitraires, que chaque journal est rédigé sans contrôle ni contradiction. Donc, quand nous y avons rencontré une fausseté écrite dans une intention malveillante, ne différons pas d'un moment de lui retirer notre confiance et notre argent.

Mes chers concitoyens, aimons qui nous aime; encourageons qui nous sert. Honorons et respectons le courage qui, pour nous servir, brave et la difficulté des succès et l'ingratitude qui les suit.

Venons à nos prétendus républicains.

Il est enfin bien démontré que les bienheureuses barricades de juillet 1830, les fusillades par lesquelles les citoyens de la capitale ont fait taire alors les canons de la tyrannie parjure et démasquée, le sang qu'ils ont sacrifié en combattant ses satellites, il est, dis-je, enfin bien démontré que ce généreux dévouement n'a pas été le fait du petit nombre de factieux qui s'en arrogent toute la gloire et prétendent en recueillir seuls le prix. Il est bien prouvé aussi que le but qu'ils disent s'être proposé, n'a pas été celui de la masse puissante des citoyens qui ont pris part aux évènemens des grandes journées.

Cette dernière vérité n'avait pas besoin d'une autre preuve que leur résultat immédiat. Si elles avaient été faites pour donner la république, par quel contresens nous ont-elles donné une monarchie, et pour monarque un prince chéri et désiré depuis long-temps, qui nous ferait aimer la monarchie quand nous serions pleins d'aversion pour elle?

Les factieux ont vainement tenté en 1832 de renouveler les barricades de 1830. Ils ne sont parvenus qu'à en élever un petit nombre, et elles ont été aussitôt renversées. Donc ce n'étaient pas eux qui en 1830 en avaient fait de si hautes et

de si solides, dans toutes les rues, dans tous les carrefours, le
long des boulevarts; et il est fort présumable que ceux qui
ont détruit le petit nombre des barricades de 1832, et em-
pêché d'en faire davantage, ont été les mêmes citoyens qui
ont élevé celles de 1830.

C'est vainement aussi que ces factieux ont longuement
concerté un vaste plan d'attaque contre l'autorité et ses dé-
fenseurs, qu'ils se sont organisés, se sont nommés des chefs;
qu'ils sont convenus d'époques et de signaux pour leurs at-
taques, pour leurs retraites, pour leurs ralliemens; qu'ils ont
pris des positions et marqué des postes dans quelques quar-
tiers populeux; qu'ils se sont assurés de quelques maisons
pour leur servir de châteaux forts; qu'ils ont fait des amas
et des dépôts d'armes et de munitions de guerre : soins inutiles, tactique perdue, stratégie ridicule ! Les maisons d'où
ils tiraient sur la garde nationale et sur la troupe de ligne
ont été enfoncées, leurs armes ont été prises, leur troupe a
été prisonnière; plusieurs ont sauté par ces fenêtres d'où ils
dirigeaient sur les citoyens leurs feux meurtriers; ce qui s'en
est échappé n'a trouvé d'asile que dans les repaires de la faction
même. Ce n'étaient donc pas là les mêmes hommes qui, en
1830, sans organisation, sans plan, sans préparation, sans
autre ralliement que le sentiment d'un intérêt général et
sacré, combattaient ou aidaient les combattans, dépavaient
et barricadaient les rues, faisaient de leurs propres maisons
des forts, et de leurs meubles des projectiles; ouvraient leur
demeure hospitalière, comme retranchement, à tous les
patriotes en péril, comme restaurant à ceux que la faim ou
la soif avaient surpris, comme hospice aux blessés; non, ce
n'étaient pas là les citoyens dont les femmes, dont les familles
prenaient soin des blessés, des hommes souffrans, comme de
leurs propres enfans et de leurs époux.

Qu'il est facile aujourd'hui de reconnaître et de distinguer
ceux qui veulent la république et ceux qui ne la veulent pas !

Ceux qui ne la veulent pas, ce sont tous les propriétaires,
les manufacturiers, les artisans, les négocians, les mar-
chands.

Ce sont tous les fonctionnaires publics, non seulement

ceux que l'État salarie, mais encore ceux dont le public rétribue les services : les avocats, les notaires, les médecins; je parle de ceux qui ont la confiance du public.

Ce sont toutes les bonnes gens, les honnêtes gens, les gens *tranquilles*, comme vous dites dans ce pays-ci, c'est-à-dire, qui ne font de tort ni ne donnent d'inquiétude à personne.

Ce sont tous les hommes de quelque esprit, éclairés par l'étude, par l'observation, par la méditation, guidés par l'histoire des temps passés et par l'expérience de leur propre temps.

Ce sont les riches; ce sont aussi les pauvres laborieux et sensés qui veulent travailler pour n'être pas toujours pauvres, et pouvoir aider, à leur tour, ceux qui le seront comme eux.

Ce sont tous les patriotes qui se sont armés avec un zèle égal contre le despotisme et contre l'anarchie.

Pourquoi n'ajouterais-je pas : ce sont toutes les épouses, toutes les mères, toutes les filles à marier qui ne veulent pas que les révoltés consomment leur dot, empêchent de former leur trousseau, fassent tuer leur prétendu.

Enfin, ce qui ne veut pas la république, c'est la société tout entière, sous quelque rapport que l'on considère ceux qui la composent, de quelque manière qu'on en trace les divisions.

Et l'aversion est la même en tous. Je me trompe; elle est d'une violence particulière, c'est une horreur profonde et invincible dans tous ceux qui ont vu les années 92 et 93, et n'ont pu perdre le souvenir du sang qui a été répandu au nom de cette république, ni l'avilissement et la misère où elle a plongé le peuple tout entier.

Quels sont maintenant ceux qui la veulent? c'est une poignée de gens qui rachètent autant qu'ils le peuvent leur petit nombre par la violence de leurs clameurs; et le déguisent par l'emportement et l'audace de leurs entreprises.

Les uns sont des jeunes gens que leurs parens ont envoyés à Paris pour apprendre la médecine, les lois, les sciences physiques et mathématiques, et que l'effervescence de leur âge, le besoin de bruit et de mouvement, l'espérance confuse de se faire un nom, la gloriole de marquer dans un parti, emportent à des entreprises contre l'autorité, comme à un jeu périlleux auquel il est noble et beau de s'exercer. Ils mangent à cet exercice l'argent de leurs parens, n'apprennent rien, et s'en retournent chez eux, disant que la France monarchique ne méritait pas qu'ils devinssent plus savans pour elle. De tout temps et partout, les étudians des universités ont été perturbateurs; ils ont figuré dans les guerres du protestantisme et dans celles de la Fronde. Leur jeunesse ne fait pas un titre; mais c'est une excuse.

Toutefois il se trouve parmi eux des rêveurs qui se croient méditatifs et réfléchis, et qui, munis de quelques lieux communs sur les États-Unis d'Amérique, se croient fortement fondés en doctrine politique. Ils prononcent entre toutes les théories anciennes et modernes sans les connaître; ils rejettent toutes les leçons de l'expérience, ils défient toutes les passions humaines, ils bravent toutes les règles établies et toutes les opinions reçues, et toutes les habitudes de la vie civile. Ils veulent à toute force un président et point de roi, et c'est là ce qu'ils appellent la république. Ils veulent un président pour gouverner la France, et croient imiter l'Amérique où le président ne gouverne ni n'administre; ils veulent un président pour la France entière, et le président des États-Unis n'est le président que d'un congrès représentatif de petits états confédérés qui sont des souverains indépendans hors les cas de la confédération. Ils confondent le président d'un conseil fédéral avec le président d'un gouvernement général et commun, supposant, ou que la France doit se diviser en trente ou quarante petites républiques, se morceler, comme l'Italie, en petits états bien étrangers les uns aux autres, souvent ennemis; en un mot, s'anéantir pour jouir du bonheur de posséder un président fédéral; ou que ce qui est en Amérique une présidence diplomatique et de sûreté générale, doit être chez nous une présidence de gouvernement et d'administration.

A la suite des écoliers, viennent quatre ou cinq cents mauvais sujets tarés d'une manière ou de l'autre, et avec eux de petits ambitieux subalternes, qui, incapables d'aucun service, et désespérant d'obtenir de l'autorité un emploi, espèrent en prendre un d'assaut dans un moment de révolution. Il y a toujours eu de ces gens-là en France. Napoléon en comptait quinze cents à Paris seulement, et il ne perdait pas de vue leurs prétentions, non pour y déférer, mais pour les contenir. Parmi eux sont aussi quelques gens dont les affaires sont dérangées et menacent ruine, et qui seraient bien aises de pouvoir mettre sur le compte d'une révolution la catastrophe qu'ils prévoient dans leur fortune, et d'y entrevoir des chances d'indemnités et de compensations.

Viennent après ceux-là les prolétaires fainéans, ivrognes, piliers de cabarets, dont la tête ne travaille que dans le vin, et qui, pour satisfaire leur intempérance, ne conçoivent d'autres ressources que le trouble et le désordre, quel qu'en soit l'objet, et sont aux ordres de tous les recruteurs de révoltes qui leur mettront un écu dans la main, ou qui feront apporter une bouteille de vin devant eux. A cette dernière classe, les crimes ne coûtent rien; ils en ont besoin, ils en ont soif.

A la tête de la cohorte républicaine sont quelques ambitieux d'un ordre plus relevé que tout ce qui la compose: marquans dans la société ou par un nom illustre, et par des services, ou par de l'éloquence, du savoir et du caractère; gens, au reste, à grande clientèle et possédant l'art des influences. Ces gens-là n'estiment et ne souhaitent de la république que la première des places qu'elle aura à donner, je veux dire la présidence, se flattant que dans ce poste éminent ils pourront être les modérateurs des passions furieuses, les pacificateurs des troubles inséparables d'une révolution, les conciliateurs des intérêts et des préjugés les plus opposés, les réformateurs de toutes les opinions, les oracles de toutes les sectes politiques. Qui le croirait? ces hommes qui veulent la constitution des États-Unis sont infectés de l'ancien esprit de vanité ambitieuse qui régnait en France avant la révolution de 1789. Ils veulent l'égalité pour les autres, la supériorité pour eux; ils veulent que nous ayons l'égalité de ces petits états d'Amérique, peuplés de quelques cent mille âmes, peuplés d'hommes simples, laborieux, exempts de notre désœuvrement et des vices qui y sont attachés, voués à l'accroissement de leur fortune par leur industrie et leur économie, sachant à peine qu'ils aient besoin de mag'strats et qu'il y en a parmi eux, éloignés enfin de toute ambition de pouvoir; ils nous veulent cette condition inconciliable avec nos habitudes, pourvu que ce soient eux qui gouvernent et qui aient l'honneur d'une si grande révolution : ils la veulent, ne fût-ce que pour se trouver à la tête du parti qui la demande. Etre chef de parti, c'est toujours primer ; c'est toujours quelque chose. Demandez aux Américains s'ils voudraient de ces gens-là à la tête de leurs affaires.

Aveuglés par leur présomption, ils ne voient pas, pendant qu'ils professent leurs doctrines républicaines, pendant qu'ils encouragent et fortifient ceux qui prétendent les mettre en pratique, pendant qu'ils travaillent à s'attirer leur respect et leur confiance, et à se constituer par là les arbitres du moment et des moyens où pourra s'opérer une révolution, et du choix des personnes par qui elle devra s'opérer; ils ne voient pas, dis-je, que déjà l'importunité de leurs conseils fatigue ceux à qui ils s'adressent; déjà le moment de secouer leur autorité est marqué; déjà le jour, l'heure sont prévus, où ils seront placés dans l'alternative de servir la faction ainsi qu'elle veut être servie, ou d'être sacrifiés par elle comme obstacle à sa marche et à son triomphe. La mort, oui, la mort est votée d'avance contre ces guides agréés pour le moment des premières difficultés, mais qu'on ne veut en définitive reconnaître, ni comme chefs, ni comme supérieurs, et qui n'ont d'autre but que de l'être.

Les aigles qui planent sur les vautours sont quelquefois cernés par ceux-ci, et leur servent de pâture. Et quand les oiseaux de proie se sont entredéchirés, ils sont dévorés à leur tour par une plus grande troupe de ces lâches oiseaux qui sont seulement voraces et carnassiers, et ne tombent que sur les cadavres.

C'est ainsi qu'en 1793 les auteurs de la république, qui s'étaient flattés de la diriger, ont été dévorés par elle. C'est ainsi qu'ont été trompées, dirai-je, leurs espérances chimériques et patriotiques, ou bien leur ambition hypocrite? Ils ont été entraînés, dominés, dès que l'ennemi commun, c'est-

à-dire l'autorité a disparu. Il a fallu qu'ils devinssent vio-
lens, furieux, féroces avec la multitude déchaînée, ou qu'ils
fussent ses premières victimes, qu'ils égorgeassent ou fussent égorgés.

Quand Rolland, Brissot et quelques girondins élevèrent la
voix pour la république, ils ne voulaient pas qu'elle coûtât
une goutte de sang. C'étaient les meilleurs hommes du
monde; mais ils ne connaissaient pas la multitude dans ses
emportemens.

Joseph Lebon qui, étant proconsul d'Arras, ne dînait jamais sans une guillotine sur sa table, était cité pour sa douceur
et sa bonté avant la république. On lui dit que la douceur et
la bonté étaient fatales à la république, et il devint furieux.

Huit jours avant la république, Robespierre était le *défen-
seur de la monarchie* (1) contre les girondins. Pendant sa jeunesse il avait montré dans plusieurs écrits une philosophie
douce, humaine, généreuse. Dès que la république fut pro-
clamée, sous l'influence de l'impitoyable commune, il ne
cessa de demander comme elle le sang de tout ce qui avait
conservé quelque apparence de souvenir pour la monarchie.

Marat même, l'affreux Marat! était, avant la révolution
de 89, médecin des gardes-du-corps de Charles X, alors comte
d'Artois. Il changea tout-à-coup. Mais n'inspirant que de la
défiance aux constituans et à leurs adhérens, il se fit républicain furieux, et demanda leur sang, ne pouvant obtenir
leur suffrage.

Et quel a été le sort de tous ces énergumènes de com-
mande?

Avant eux périrent les girondins pour leur vertueuse ré-
sistance aux projets sanguinaires; il était tout simple qu'ils
en fussent punis.

Mais ce qui est plus remarquable, c'est que ceux qui votè-
rent la mort des girondins, périrent ensuite par la proscription les uns des autres, au moindre signe d'hésitation dans
les voies de la terreur.

Marat, Danton et Robespierre envoyèrent d'abord Chau-

(1) Tel était le titre d'un journal qu'il rédigeait.

mette, procureur de la commune à l'échafaud, comme traître, parce qu'il s'était permis quelque relâchement de sa fureur sanguinaire. Quelque temps après, Danton et son parti saturés de sang, y furent envoyés par Robespierre, aussi comme traîtres, parce qu'ils avaient paru tendre à la clémence. Quelque temps après, le comité de sûreté générale y envoya Robespierre comme traître, qui avait déclamé contre des massacres inutiles. Quelque temps après ce même comité de sûreté générale envoya à l'échafaud la plus grande partie du comité de salut public, qui, d'accord avec Robespierre, y avait fait monter un si grand nombre de victimes. Quelque temps après on vit la Convention en corps envoyer à l'échafaud Carrier, qui avait noyé à Nantes des hommes, des femmes, des enfans par centaines, en les mettant dans des bateaux à soupapes qui s'ouvraient en mer ; et qui ensuite, pour abréger, faisait jeter simplement dans la mer, liés deux à deux, homme et femme, garçon et fille, et qui, par dérision, appelait cela des *mariages républicains ;* Carrier fut envoyé à l'échafaud par la Convention de qui il tenait sa mission, et qui avait applaudi à ses exécutions. Il en fut de même de Joseph Lebon, coupable d'excès à Arras ; mais autorisé par les décrets de la Convention, et la correspondance du comité de salut public. Il en fut de même du tribunal tout entier qui avait prononcé, pour la forme, tous les arrêts de proscription dont on vient de parler ; il en fut de même enfin des bourreaux, témoin celui de Lyon, qui fut exécuté par son frère, bourreau de Grenoble.

Ainsi périront par l'anarchie tous ceux qui prétendront la diriger, se montreront doux et concilians pour ses auteurs, qui auront pour elle d'indignes ménagemens ; ainsi périront ceux qui auront le malheur de s'abuser par cette absurde distinction de vouloir la république par la violence, et la vouloir *doucement malgré tout le monde,* qui croiront pouvoir sans danger, la louer, la prôner théoriquement en présence des factieux qui la veulent actuelle, à tout prix, par le sang de tout ce qui s'y oppose : aussi dangereux, aussi fous que ces futiles artistes en pyrotechnie qui mettraient le feu à leurs fusées à côté d'un magasin à poudre.

Mirabeau l'avait dit : *La république ne pourrait s'établir en France que sur des monceaux de cadavres.* L'évènement ne l'a que trop bien prouvé. Mais il a prouvé une vérité de plus : c'est qu'une république établie sur des cadavres tombe comme eux en pourriture.

Et pourquoi sont-ce là des vérités ? parce qu'il n'y a que la force et la violence qui puissent établir une institution détestée par tout le monde, et que la force et la violence, qui sont en horreur à tout le monde, ne peuvent asseoir solidement une institution dont le sort dépend plus tôt ou plus tard de la volonté générale.

Mais, mes chers concitoyens, détournons nos regards de ces tristes tableaux, et reposons-les sur ce monarque que nous a donné la Constitution, sur sa bonté que rien n'altère, sur sa bienfaisance et celle de sa famille, sur son courage et sa patience qui résistent à toutes les épreuves, sur son affabilité pour tous les citoyens. On a dit de Louis XII qu'il était *le père du peuple* ; on pourrait dire de Louis-Philippe qu'il en est *le frère*, mais le frère aîné par sa sagesse et sa dignité. Malheur à qui lui ferait un reproche de sa touchante et noble popularité ! Disons avec un de nos illustres moralistes : « La fausse grandeur est farouche et inaccessible ; elle ne se » fait voir qu'autant qu'il faut pour imposer. La véritable » grandeur est libre, douce, familière ; elle se laisse *toucher* » *et manier.* Elle se courbe par bonté vers les inférieurs, » mais se relève avec dignité ; on l'aborde avec confiance et » avec retenue ; elle fait que les princes nous paraissent » grands et très grands, sans nous faire sentir que nous » sommes petits (LABRUYÈRE, chap. 11 du *Mérite personnel*). »

Dans ce jour anniversaire de celui qui a placé Louis-Philippe à la tête des Français, nous lui devons un tribut de reconnaissance, non seulement pour la douceur et la profonde sagesse des deux ans de règne qui viennent de s'écouler, mais aussi et surtout pour le motif qui lui a fait accepter la couronne en 1830. Ne l'oublions jamais, ce motif : c'est un devoir particulier de cette journée de le rappeler et d'en transmettre le souvenir d'année en année. A ce sujet je vous dirai, pour finir, un fait que je tiens d'un patriote justement renommé, et je vous rapporterai ses paroles :

« Le 28 juillet, m'a-t-il dit, j'étais accouru à l'Hôtel-de-» Ville, joyeux au-delà de ce que vous pouvez croire du » succès de nos efforts contre les satellites de Charles X. Je » m'étais dit et redit cent fois dans mon chemin : *Enfin* » *nous allons l'avoir, cette chère république !* quel bonheur » pour moi d'être un de ceux qui vont la proclamer, d'être » un des premiers à en manifester l'existence ! — J'arrive, » poursuit mon républicain, j'arrive essoufflé, transporté » de joie à l'Hôtel-de-Ville, et je vois à la porte et sous le » vestibule, des étrangers, des inconnus, des gens sans nom, » et parmi eux, des hommes târés, à figures sinistres. Ces » messieurs constituaient la république, se distribuaient les » ministères, les gouvernemens, les commandemens, et ré-» glaient les honorables traitemens de tous les fonctionnaires. » Grand Dieu ! m'écriai-je, sont-ce là les hommes qui vont » régler les destinées de la France ? Je m'empressai de monter » dans la salle où l'on me dit qu'était M. de Lafayette. Je » le trouvai aussi inquiet que moi entre le carlisme et l'anar-» chie, je n'eus pas de peine à m'entendre avec lui, et nous » exprimâmes d'un commun accord le vœu de voir le patrio-» tisme du duc d'Orléans se prêter au besoin de la patrie, et » subvenir au danger qui la menaçait. On était à chercher le » duc d'Orléans. Il arrive, il est sollicité, pressé, conjuré » d'accepter la couronne. Il l'accepte, pour sa sûreté peut-» être, mais à coup sûr pour la nôtre. Il l'accepte, et en se » soumettant à cette obligation patriotique, il put se dire qu'il » faisait un grand acte de dévouement à la république. »

Voilà, mes chers concitoyens, l'histoire de notre nouvelle monarchie et de notre monarque.

Qu'elle nous soit toujours présente, et que son souvenir se joigne à jamais à la reconnaissance que nous devrons au règne plein de sagesse et de bonté qui achèvera de sanctionner et de consacrer son auguste origine.

Imprimerie de LACHEVARDIERE, rue du Colombier, n° 30.